Nicole. C Brown

Le mini-monde de Sarah

Les choses de l'école, les choses de la vie

Tome 1

Les supers pouvoirs du petit "e"

Notes :

1) Les liaisons importantes sont signalées par un double trait entre les mots: ils_ ont.

- Le mot **quand**, dont la liaison se lit quan**t** (avant les pronoms à la troisième personne) est signalé par un *(t)* : quand *(t)* il…

- Le **x** final dont la liaison s'entend **z** par un *(z)* : aux *(z)* autres…

2) Le 'tion' qui se lit "**sion**" et mis en italique (atten*tion*)

3) Les lettres qui se prononcent, en fin de mot, sont en gras et souligné (plu**s**)

4) les lettres muettes sont de couleur bleue.

5) Les syllabes des mots longs ou compliqués à lire sont séparées par les couleurs rouge, vertes et noires.

6) les mots qui comportent des difficultés phonétiques sont écrits comme ils se prononcent, à côté de l'original, en caractères plus petits et entre parenthèses : orchestre (or-**kes**-tre), seconde (se-**g**on-de)

7) Les mots d'origine anglaise sont en *italique,* soulignés en pointillé : *weekend,* et écrits, à côté, comme ils se prononcent.

8) Les mots invariables à connaître en CE1 sont **en gras**, ainsi que certains mots ou expressions souvent rencontrés.

Ces graphies spéciales, sont parfois volontairement omises, pour éviter qu'elles ne deviennent une habitude et sont de moins en moins fréquentes avec les chapitres.

Les signes phonétiques "officiels" ne sont volontairement pas utilisés pour ne pas compliquer la lecture. La plupart des mots de ce vocabulaire restreint étant, en principe, déjà connus des enfants.

Sommaire

Chapitre 1

Il fait clair **dans** ma chambre. C'est le matin. On dirait que le **temps** est beau, **car** je vois le soleil **derrière** les rideaux. Je bouge **un peu dans** mon lit. Je n'ai pas **trop** envie de me lever. Ma couette est douce et chaude. **Au-dessous** de moi, ma petite sœur remue elle **aussi**. Elle doit être réveillée (ré-vei-ié). Je l'appelle :

"Coucou… ça va?"

Elle ne répond **pas**. Elle est_ **encore un peu** endormie, je crois. **Dans** la pièce à **côté**, j'entends des bruits que je connais **bien**. Maman sort les bols **pour** le petit déjeuner. Elle va **bientôt** venir nous réveiller **pour** qu'on se prépare pour l'école.

Soudain, j'ai une idée : Et si je lui faisais une surprise? Je me lève doucement et j'attrape mes_ habits que j'avais préparés **hier soir** sur une chaise. **Mais**, au **moment** de m'habiller (ma-bi-yé), **voilà** que je ne retrouve **plus** mes collants! **Pourtant**, j'en suis sûre, je les_ avais mis **ici**!

Vite, vite! Ah, les **voici**! **Sans** faire de bruit, je m'habille. **Puis** je secoue mon_ oreiller (o-ré-yé), je tire ma couette **pour** faire mon lit **bien** droit et, juste au **moment** où j'entends maman se rapprocher, je m'assois **sur** mon lit tout **bien** fait, les bras croisés, **comme** à l'école.

Elle entre, me voit et me sourit : "tu es **déjà** prête ma chérie? Quelle bonne surprise! **Mais** il faut te laver un peu **quand même**! Vas **vite dans** la salle de bain **pendant** qu'elle est libre, je vais réveiller (ré-vé-yé) ton frère et ta sœur".

C'est vrai! J'avais oublié qu'il fallait **quand même** se laver **un peu avant** de s'habiller! Je cours à la salle de bain **avant** que toute la famille se précipite **pour** l'occuper. J'en profite **aussi** pour **bien** brosser mes cheveux qui sont **très** longs et les_ attacher en queue de cheval.

Ensuite, en_ attendant que tout le monde soit prêt à déjeuner, je vérifie que toutes mes affaires d'école sont **bien** rangées **dans** mon cartable. Je ne veux **rien_** oublier. Et **puisque** j'ai **encore un peu** de **temps**, je relis une fois les mots que je devais apprendre pour **aujourd'hui**.

Ça y est, tout le monde est **là**. On peut déjeuner. Grâce à moi, maman a **moins** de travail (tra-va-ye) ce matin. Elle s'occupe **seulement** de ma petite sœur, **pendant** que mon grand frère se prépare tout **seul**. **Ensuite**, nous_ allons nous brosser les dents.

On s'éclabousse **toujours** un peu et on rit. **Parfois**, on se dispute. Et **quelquefois** maman nous gronde parce qu'on va mouiller (mou-yé) nos_ habits si on continue à jouer **avec** l'eau.

Enfin, on_ est prêts. Papa est **déjà** parti travailler. (tra-va-yé) Maman prend ses clés et nous **voilà** tou**s** **dans** l'escalier, **puis** dans la rue. Il fait **un peu** froid **dehors** ce matin!

Nous ne sommes pas_ en retard et l'école n'est pas **loin**, **alors** on peut marcher tranquillement **jusque** **là-bas**, comme pour une promenade, en bavardant **entre** nous.

Je reste **auprès** de maman **avec** ma petite sœur, mon frère marche **devant**.

Maman fait des projets pour le *weekend* (oui-ken-de). S'il fait beau, nous_ irons au Jardin d'Acclimata*tion* (a-cli-ma-ta-sion), là où **il y a** des_ animaux et des manèges. Je suis **très** contente et j'espère **bien** qu'il fera beau, **car** j'adore les manèges, je n'en_ ai **jamais assez**!

Mais nous_ arrivons à l'école.

Un bisou à maman et **voilà** la journée qui commence!

***

Chapitre 2

Aujourd'hui c'est dimanche, il n'y a pas d'école, **alors** on peut dormir **plus longtemps**. Je me suis levée **tard**. C'est seulement les jours d'école qu'on doit se lever **tôt**.

Nous avons déjeuné **avec** des croissants que papa est descendu acheter à la boulangerie à **côté** de **chez** nous.

Maintenant, je regarde **dehors** par la fenêtre et je réfléchis à ma vie. Je m'appelle Sarah et j'ai sept ans. **Depuis** la rentrée, je suis en CE1.

Ma famille habite **dans** un petit appartement, au cinquième étage. Oui, **chez** nous, c'est tout petit ! **Parfois** on est **un peu** serrés, c'est vrai, **mais** on est **quand même très** heureux, **parce que** nos parents nous aiment et nous **aussi** on les aime très fort! Maman dit que l'amour c'est ce qui compte le **plus dans** la vie! C'est **comme** une provision de chaleur dans le cœur qui aide les enfants à **mieux** grandir.

Et **puis**, nous avons de la chance d'avoir un endroit pour dormir, des vêtements pour nous habiller, **plein** de jouets et tout ce que nous voulons pour manger. Nous partons à la mer **durant** les grandes vacances et, à Paris où nous_ habitons, maman nous emmène **souvent** jouer **dans** les parcs ou les_ autres_ endroits pour les_ enfants. Des fois, nous_ allons **même** voir des spectacles ou des_ animations et nous_ avons **déjà** visité **plusieurs** musées. Tout ça nous semble normal, et **pourtant**, maman dit que **beaucoup** d'enfants **dans** le monde n'ont pas **autant** de chance que nous : ils n'ont **rien** de tout **cela**.

Et **surtout**, nous, nous pouvons aller à l'école pour apprendre des tas de choses! **Ainsi**, **lorsque** nous serons grands, si nous travaillons (tra-va-yon) bien, nous_ aurons de bons métiers. **Dans** les pays **très** pauvres, **beaucoup** d'enfants rêvent d'aller à l'école et ne peuvent pas, **parce que** leurs parents ont besoin d'eux pour travailler, ou **parce que** l'école est **beaucoup trop loin** de leur maison.

Cependant, **comme** je l'ai dit, **aujourd'hui** c'est dimanche. Et, **comme** maman l'avait promis, puisqu'il fait beau **temps**, nous partons tous, **dans** quelques minutes, pour le Jardin d'Acclimatation! (Comme c'est son nom à lui, on lui met des majuscules car c'est‗ un nom propre, comme les noms des pays, des villes, des personnes…)

Au Jardin, je sais que nous‗ allons faire une promenade **avec** les petits chevaux qu'on‗ appelle des poneys et voir d'autres‗ animaux et monter **dans** le petit train qui se promène tout‗ **autour**, et faire du vélo et monter sur des manèges! Je sais tout ça **parce que** ce n'est pas la première fois que nous‗ y allons.

Demain, on reprend l'école, **alors** en‗ attendant, **pendant** le *weekend*, il faut en profiter pour oublier un peu le travail (tra-va-ye). Je n'ai pas de devoir à faire, j'ai tout fait **hier**! Comme ça, **quand** *(t)* on va rentrer à la maison, **plus tard**, je pourrai jouer ou regarder la télévision, s'il y‗ a un film ou une émission pour les‗ enfants.

Ensuite, nous dînerons et nous‗ irons nous coucher **après‗** avoir fait un **très**, très gros bisou à papa et maman pour les remercier de cette super journée!

Et je sais que, **dans** mon petit lit, **avant** de m'endormir,
je fermerai **très** fort les_ yeux et je ferai un vœu (veu) :

Que ma vie soit **toujours aussi** belle qu'**aujourd'hui** !

***

Chapitre 3

Dans la cour de récréation, je suis tombée et je me suis fait mal au coude. **Mais** ce n'était pas grave, on m'a **juste** passé **dessus** un truc qui ne pique pas **beaucoup** et on m'a mis un petit pansement.

Après, je n'avais plus **trop** envie de courir, **alors** je me suis assise sur un banc **avec** ma copine Nina et on s'est raconté les choses qu'on avait faites **pendant** le *weekend* et aussi **plein** d'autres choses.

Comme moi, Nina apprend le piano. C'est_ **un peu** difficile, **surtout** le solfège, **mais** on commence à jouer **avec** les **deux** mains et ça c'est *cool* (coul)! **Chez** nous, c'est **trop** petit pour avoir un vrai piano, **mais** j'ai un clavier que je range **sous** mon lit. Mon frère qui apprend la guitare a une vraie guitare, c'est petit, ça ne tient pas **trop** de place. **Peut-être** que, **quand** nous serons grands, nous jouerons ensemble? **Surtout** si ma petite sœur apprend **aussi** à jouer d'un_ instrument, **alors** on fera un vrai petit_ orchestre (or-kes-tre)!

Quand nous sommes à la maison, ma mère s'amuse **souvent** avec nous, si elle a le **temps**. Elle invente des histoires et des jeux, **car** elle a **beaucoup** d'imagination : ça veut dire qu'elle a **plein** d'idées dans la tête. Elle dit qu'elle aime **bien** nous faire rêver **parce que** c'est important de savoir rêver. C'est un peu **comme** de mettre des bijoux à la vie pour qu'elle soit plus belle!

Mais elle dit **aussi** qu'il y a un danger : il ne faut **jamais** confondre les rêves **avec** la réalité. Et la réalité, c'est la vérité de tous les jours, **sans** château, sans fées et sans sorcières non **plus**. **Pourtant**, dans la vraie vie **aussi**, comme dans les rêves, **il y a** de belles choses et des choses tristes, **mais** elles sont différentes de celles des rêves. C'est **comme** ça.

Mon père a **souvent beaucoup** de travail (tra-va-ye), **mais quand** *(t)* il est à la maison, lui **aussi** il aime jouer **avec** nous et **alors** nous rions **bien** tous ensemble et c'est **vraiment** super. **Surtout** quand ma petite sœur fait le *clown* (clou-ne), elle adore ça : elle se déguise et elle danse **sur** n'importe quelle musique!

Mon grand frère, va **bientôt** avoir dix *(z)* ans. Il lit **beaucoup** de vrais livres **maintenant.** Je voudrais **bien** savoir **très** bien lire, **comme** lui.

Nina a des frères jumeaux qui sont_ **encore** des bébés. Elle dit qu'ils ne sont pas drôles, eux, **car** ils pleurent tout le **temps. Mais** je crois que c'est normal. Les bébés pleurent **beaucoup** parce qu'ils ne savent **pas** parler **pour** dire ce qui les gêne. Je le sais par notre voisine : son bébé est **très** petit, il a **seulement** trois **semaines** et il pleure **tout** le **temps**.

Après, c'était la fin de la récréation et nous sommes rentrées en classe.

Nous_ avons appris **comment** additionner les dizaines. C'est **vraiment** très facile, c'est **comme** pour les unités (1, 2, 3 jusqu'à 9). On rajoute **juste** un zéro.

4 + 2 = 6, alors 40 + 20 = 60 !

L'après-midi on_ a fait du dessin. J'aime **bien** dessiner. **Mais** comme c'est **bientôt** l'hiver et qu'on_ a changé d'heure, **maintenant** la nuit vient plus **tôt** et on n'y voyait pas_ **assez** bien dans la classe, **alors** la maîtresse a été obligée d'allumer la lumière.

Ensuite, on_ a lu. Je lis **beaucoup mieux maintenant**. J'ai fait de grands progrès. On m'avait dit que je saurai lire à Noël, **mais** je sais **déjà presque** bien lire! Et Noël c'est seulement dans_ un mois! Je suis fière de moi, ma maman et mon papa **aussi**!

Quand je suis rentrée à la maison, j'avais **seulement** des mots à apprendre, mais je les savais **presque** tou**s parce que** j'avais **déjà** commencé à les regarder il y a **plusieurs** jours. La maîtresse nous donne une liste pour toute la **semaine**.

Alors j'ai décidé de réviser la conjugaison au Présent des verbes du premier groupe : ceux qui se terminent par ER à l'infinitif, **comme** parler, chanter, manger, nager, partager et tout ça. C'est facile, mais **parfois** j'oublie **encore** le S avec tu, O.N.S **avec** nous, E.Z **avec** vous, et E.N.T avec ils! **Surtout** quand je les_ écris **dans** des phrases (fra-ze). **Mais** ça va rentrer **dans** ma tête **bientôt**, j'en suis sûre.

Et **après** quand *(t)* on saura **bien** le Présent, on commencera le Futur et le Passé. Je sais **déjà** que le Futur c'est **demain** et le Passé c'est_ **hier**!

Trop facile !

***

Chapitre 4

C'était le **soir**. Un mardi soir, et j'étais couchée **dans** mon lit, **déjà** prête à m'endormir, **quand soudain** j'ai entendu du bruit à **côté** de mon_ oreiller (o-ré-yé). Ça ne pouvait pas être la petite souris **car** je n'avais **pas** perdu de dent ce jour-là.

Alors j'ai **bien** regardé, et j'ai vu un drôle de petit **e**, posé à **côté** de moi et qui me souriait. Un **e** qui sourit? Ça c'est_ original!

"Je m'appelle **e**, me dit-il. Mon nom de famille c'est Voyelle (voi-i-elle)! C'est_ un joli mot "voyelle", tu ne trouves **pas**? On dirait **toujours** qu'il va s'envoler! C'est **sûrement** à cause de ses deux (z) *l* ! Ha, ha!"

J'étais **tellement** étonnée que je ne savais pas quoi dire. **Mais** le petit **e** continuait à me parler :

"J'ai quatre petits frères, ils s'appellent **a**, **i**, **o** et **u**, et un grand frère qui s'appelle **y**, **mais** lui, il est_ **un peu** spécial."

J'avais retrouvé ma langue, **alors** Je lui demandai :

"Pourquoi es<u>t</u>-il spécial ?

- **Déjà,** parce que c'est_ un double **i. Comme** des **ii** jumeaux si tu veux. Ecoute, **dans_** un mot comme envoyé (en-vo<u>i</u>-<u>i</u>é), tu l'entends le double **i**? Un **i** pour faire **"voi"** et un **i** pour faire **"ié".** Et **ensuite** il est spécial **aussi** parce que, **souvent,** il se comporte **un peu** comme les consonnes. Il adore imiter les lettres **ill**, il sait faire exactement le **même** son! Regarde : **pour** le mot mou**illé** (mou-yé), par exemple, on pourrait écrire mou**yé**, ça s'entendrait pareil (pa-ré-ye)!

Tu sais, pour nous, **dans** le monde des lettres et des mots, les voyelles sont **comme** les_ enfants, et les consonnes sont les_ adultes, **car** elles sont **beaucoup plus** grandes et **plus** nombreuses **aussi. Mais** nous, les voyelles, **même** si on n'est que des_ enfants, les consonnes ont besoin de nous. **Parce que, sans** nous, personne ne pourrait les lire! C'est comme **dans** la vie, les grands ont **souvent** besoin des **plus** petits!"

Et le petit **e** s'est mis à rire.

Alors, j'ai dit :

"Et **bien**, moi je peux les lire les consonnes. Je les connais. Je les_ ai apprises à l'école Elles s'appellent: **b, c, d**...."

Mais le petit **e** m'a arrêté :

"Tu ne comprends pas! **Bien** sûr, on peut dire leurs noms! Et **pourtant**, **sans** nous, **personne** ne pourrait lire les "MOTS" si les consonnes étaient toutes seules **dedans**."

J'étais **un peu** fâchée. Qu'est-ce qu'il me racontait **là comme** bêtise? J'ai dit :

"Et **pourquoi cela**, s'il te plaît ?

- Regarde, est-ce que tu peux lire ce mot : "pprtmnt"?

- Quoi ? **Mais** ça ne veut **rien** dire! Ce n'est **même** pas un mot!

- **Comme** ça, non, tu as raison. **Mais** si mon frère **a** et moi on_ entre **aussi dans** le mot, **alors** tu pourras le lire, regarde **maintenant** : "appartement" ! **Voilà**! Et je peux t'en trouver beaucoup d'autres! **Comme** par exemple : "chll" ? Tu peux lire ça ?

- Non.

- Et **bien avec** moi **dedans**, ça fait : échelle. Tu vois, Je fais le travail tout **seul** cette fois! **Même** pas besoin de mes frères! Tu as compris ?

- Oui, j'ai compris, **mais** c'est ton nom **aussi** : é?

- **Bien** sûr ! Je suis la voyelle la **plus_** importante de la famille, je sais faire **plein** de sons, je t'expliquerai si tu veux, **mais** une **autre** fois, **car** je dois partir **maintenant**, nous_ avons rendez-vous, mes frères et moi, **avec** un mot **très** petit **mais** qui n'existerait pas **sans** nous.

- Quel mot?

- "Oiseau"! **Sans** nous, ce serait **juste** un S ! Bon, dors **maintenant**, je reviendrai te voir **bientôt** !"

Le **lendemain** matin en me réveillant (ré-vé-yan) j'ai pensé que j'avais rêvé. Et **quand** j'ai raconté mon rêve à mes

parents ils m'ont dit que c'était un **bien** joli rêve et bien_
utile **aussi, parce que** tout ce qu'il avait dit c'était vrai!

**

Chapitre 5

Le mercredi **soir**, une fois dans mon lit, j'ai essayé (é-sai-ié) de ne pas m'endormir **trop vite**, au cas où la petite souris… pardon, je voulais dire, le petit **e**, reviendrait me raconter des_ histoires marrantes sur les enfants-voyelles et les_ adultes-consonnes, **comme** il l'avait promis.

Pourtant le sommeil (so-mé-ye) était **plus** fort que moi et **quand** je me suis réveillée (ré-vé-yé), le matin, j'étais **bien** déçue que mon petit **e** ne soit pas revenu.

Mais je n'avais pas le **temps** d'y penser, je devais me préparer pour l'école.

Hier, à la récréation, j'avais raconté mon rêve du petit **e** à ma copine Nina. Mais **maintenant** je n'étais plus **très** sûre que c'était **bien** un rêve. Ce petit **e**, **avec** son rire, sa voix, tout ça, me semblait **très** réel. Nina m'a dit que je devrais **peut-être** demander à la maîtresse pour voir si c'était **vraiment** exact (é-xa-c-te) tout ce qu'il m'avait dit, **comme** le pensaient mes parents.

La maîtresse était toute **seule** dans_ un coin de la cour, en train de nous surveiller (sur-vé-yé), **alors** je suis_ allée **vers** elle et, **avant** de lui expliquer ce que j'avais rêvé, je lui ai demandé si les rêves pouvaient **quelquefois** être **exacts**.

"Non, m'a-t-elle dit. C'est ton cerveau qui fabrique des_ histoires en mélangeant **un peu** tout ce que tu as vu **dans** la journée, **mais** ce n'est pas la réalité, ça ne peut pas être vrai."

- **Pourtant** je crois **bien** que ce que j'ai rêvé est_ exact.

- Qu'est-ce que tu as rêvé? Raconte-moi."

Alors je lui ai raconté tout ce que m'avait dit le petit **e** (**sans** parler de lui **bien** sûr!). Je voyais **bien** qu'elle souriait en m'écoutant, **comme** si elle ne me croyait **pas**.

"Tu es sûre que ce n'est pas toi, ou tes parents, qui avez inventé tout ça ? On dirait que c'est **bien trop** logique **pour** un rêve!

- Non, **pas** du tout!

- **Dans** ce cas, bravo! C'est que tu as **très bien** compris la fonction des voyelles et que ton cerveau t'a envoyé (en-voi-ié) ce rêve pour te le confirmer.

- **Alors**, c'est **bien** vrai **tout** ce que m'a dit… je veux dire, **tout** ce que j'ai rêvé?

- Tout_ à fait. **Mais** n'oublie **pas** : ce n'est qu'un rêve, **même** s'il contient des choses vraies".

Je la remerciai, **mais** je n'étais **pas** tout_ à fait d'accord avec elle. Je l'avais **bien** vu, moi, le petit **e**! Et je l'avais bien_ entendu **aussi**! J'avais de **plus_** en **plus** l'impression qu'il existait **vraiment**.

Nina n'était pas de mon_ avis :

"Je crois, moi, que la maîtresse le sait **mieux** que toi. Mon père dit que les enfants doivent écouter les_ adultes **parce que**, à la fin, c'est_ eux qui ont **toujours** raison!

- Ah bon? Moi je ne suis pas d'accord. Les_ adultes peuvent se tromper eux aussi. Et d'abord, s'ils_ avaient toujours raison, pourquoi ils se disputeraient entre eux parfois? Quand des_ adultes se disputent ils ne peuvent pas tous avoir raison! Il y en_ a bien certains qui doivent avoir un peu tort!

- C'est vrai, ça! Tu as raison, je n'y avais pas pensé... Et si tous les_ adultes avaient toujours raison, ils penseraient toujours tous pareil (pa-ré-ye)!

- Oui, c'est bizarre... peut-être qu'il n'y a pas une seule raison mais plusieurs? Peut-être que c'est comme les idées, il y en a plein! Et alors ils se bagarrent parce qu'ils croient tous qu'ils_ ont la meilleure (mé-yeur)?

- Comme les_ enfants alors?
- Comme les_ enfants, oui.
- Alors... je ne vois pas très bien à quoi ça sert de grandir!!"

***

Chapitre 6

Quand je suis rentrée à la maison, le soir, je voulais parler de tout ça avec maman, mais elle avait trop de choses à faire en même temps et elle ne m'écoutait pas. Papa n'était pas encore rentré de son travail, mon grand frère faisait ses devoirs…

Bon, tant pis, je ne pouvais pas en parler.

Mais au moment où je me mettais au lit, mon papa est venu m'embrasser et j'en ai profité pour lui poser une question:

"Papa, est-ce que tu crois que les adultes ont toujours raison?"

Il n'a pas hésité une seconde (se-gon-de) pour me répondre:

- Bien sûr que non! Quelle idée! Il y a des adultes méchants, qui disent et font des choses méchantes, tu crois qu'ils ont raison?

- Non, mais… je me demandais…

- Il ne faut **pas** tout mélanger. C'est vrai que les_ adultes savent plus de choses que les_ enfants, **car** ils vivent **depuis** plus **longtemps**, **alors** ils_ ont vu et appris plus de choses. **Mais** *savoir* des choses, c'est **comme** *avoir* des choses, ça ne veut **pas** dire qu'on les_ utilise **bien**.

- Je ne comprends **pas**.

- Je te donne un_ exemple : tu as une règle? Tu sais à quoi ça sert? Tirer des traits, souligner… **Mais** un_ élève méchant peut s'en servir **pour** te taper sur la tête, **même** s'il sait **aussi** bien que toi que ça ne sert **pas** à ça!

- Ça y est, je comprends ! Les_ adultes savent plus de choses mais **quelquefois**, comme les_ enfants, ils ne s'en servent pas **bien**. Donc les adultes **aussi** peuvent avoir tort!

- Exactement ma puce, tu as tout compris! **Maintenant**, il faut dormir, **il y a** école **demain**.

- Merci papa! Bonne nuit papa!"

Puis maman est venue, elle **aussi**, nous_ embrasser, et, **même** si papa m'avait **bien_** expliqué, j'avais envie de savoir ce qu'elle pensait, **alors** je lui ai posé la **même** question :

"Maman, est-ce que tu crois que les_ adultes ont **toujours** raison?

- **Mais** non, ma chérie! **Personne** n'a **toujours** raison! **Pas** plus les_ adultes que les_ enfants. **Parce que personne** n'est parfait! Tout le monde peut se tromper, les_ adultes **comme** les_ enfants.

- **Même** papa et toi?

- **Bien** sûr!

- Et papa dit que **quand** (t) on sait quelque chose, on peut s'en servir **bien** ou mal.

- Oui, c'est tout_ à fait vrai! Et **quand** (t) on s'en sert mal, évidemment (é-vi-da-men), on n'a **pas** raison!

Après un câlin à maman, je me suis tournée **sur** le **côté pour** dormir. J'étais rassurée, mes parents étaient **bien** d'accord, et le père de Nina n'aurait **pas** dû lui dire que les_ adultes avaient **toujours** raison. Ce qu'il voulait dire, **peut-être**, c'est que les grandes **personnes, comme**

elles savent **beaucoup plus** de choses que les_ enfants, elles_ ont **plus souvent** raison.

Mais pas **toujours**!

Et j'avais compris **aussi** que les choses qu'on sait ou les choses qu'on possède, on peut s'en servir **bien** ou mal, et si on s'en sert mal, **alors, bien** sûr, on_ a tort!

Et une **autre** chose **aussi** qui me plaisait **bien** c'est que : **personne** n'a **toujours** raison, **parce que personne** n'est parfait!

***

Chapitre 7

Mais cette nuit-là, **alors** que je dormais tranquillement, j'ai été réveillée (ré-vei-ié) par un petit grattement **près** de mes cheveux. J'ai cru d'abord que c'était le matin et maman qui venait me dire de me lever, mais tout_ était **noir** et silencieux dans la chambre.

Je me suis redressée, appuyée (a-pui-ié) sur mon bras et j'ai vu le petit **e près** de moi, bien_ installé sur un pli de mon drap.

"Salut ! Je suis revenu, tu vois!

- Oui, je vois **bien**, **mais** c'est la **nuit**, **là**, et je dormais! Et j'ai école **demain** matin…

- Je sais, je sais, **mais** ne t'inquiète pas, je ne resterai pas **longtemps** et **puis**, de toute façon, je fais partie de ton sommeil (so-mé-ye), tu le sais **bien**, je suis_ un rêve!

- Quoi? Tu dis que tu es_ un rêve?

- **Bien** sûr! C'est toi qui m'as fabriqué **dans** ta tête!

- **Mais** ce n'est pas possible, je n'ai **rien** fabriqué du **tout**, je dormais!

- **Justement**, c'est **quand** *(t)* on dort qu'on fabrique des rêves, tu ne le savais **pas**?

- Si, je le savais, **mais** je ne pensais pas que toi tu étais un rêve, je croyais (croi-ié) que tu étais **là** *en vrai*.

- Tu sais **bien** que ce n'est **pas** possible!

- **Mais** alors, **pourquoi** je te parle et toi tu me réponds? Et **tout** ce que tu m'as dit la **dernière** fois, à propos de tes frères-voyelles et des adultes-consonnes, si c'est moi qui l'ai fabriqué, **alors pourquoi** j'étais si étonnée de l'apprendre?

- Ça serait **beaucoup trop** difficile à comprendre pour toi. En fait, pour simplifier, il y a un endroit secret **dans** ta tête, une cachette, où sont gardées **beaucoup** de choses que tu ne vois pas, **parce que** tu ne peux pas entrer **dans** cette cachette.

- Une cachette? **Dans** ma tête?

- Oui. **Mais** tout de qui est caché là ça t'appartient **quand même**! Si tu préfères, ce sont des choses que tu sais, **mais** tu ne sais **pas** que tu les sais!

- Oh la, la! C'est_ une drôle d'histoire et super compliquée!

- **Mais** c'est_ une histoire vraie! Et, **parfois**, la **nuit**, **quand** tu dors, une petite porte s'ouvre et elle laisse sortir quelques_ unes de ces choses mystérieuses. Mais **ensuite**, elle se referme **bien vite**, dès que tu te réveilles!

- **Alors**, toi **aussi** tu passes **par** cette petite porte?

- Oui, **comme** les autres choses qui sont **dans** la chambre secrète de ta tête. Je viens **pour** te les montrer.

- Et qu'est-ce que tu as apporté **avec** toi cette fois?

- La suite de mon_ histoire. Je t'ai dit que je savais faire **beaucoup** de choses, je vais t'expliquer : comme tu l'as vu la **dernière** fois, je peux faire le son **e** mais **aussi** les sons **é, è, ê, quand** je mets les chapeaux qu'on_ appelle des_ accents, et **encore bien plus** que ça **quand** je donne la main à d'autres lettres. Je t'en reparlerai une **autre** fois.

Aujourd'hui, je veux te parler de mon plus_ important super pouvoir.

- Toi? Tu as des supers pouvoirs?

- J'en_ ai un **surtout**, oui. Et **très_** amusant! Je peux être "muet". C'est_ un peu **comme** si j'étais invisible, si tu veux, **comme** si je disparaissais!

- Muet **comme** quelqu'un qui ne sait **pas** parler?

- Pas tout_ à fait. **Plutôt** comme quelqu'un qui reste silencieux. Et, **par** exemple, je fais ça **presque chaque fois** que je suis la **dernière** lettre d'un mot.

- **Comment** ça?

- Et bien, **quand** je suis **juste** à la fin d'un mot, on ne m'entend **pas**! Si tu lis le mot "porte", tu ne lis pas la *"por-teu"* ! Tu lis la *"port"*, **comme** si, moi, le **e**, je n'étais pas là! Le **dernier** son que tu entends **quand** tu dis porte, c'est le **t**! Et **voilà comment** je disparais!

- Oui, c'est vrai, je n'avais pas remarqué.

- Et **bien** regarde plus_ attentivement, tu trouveras **plein** d'autres mots où je disparais à la fin.

- C'est **seulement** toi qui sais faire ça **dans** la famille des lettres?

- Non, mes frères **a**, **o** et **u aussi** peuvent le faire, **mais** plus rarement. Et **pas** à la fin des mots. **Beaucoup** de consonnes savent le faire **aussi, mais** elles, c'est **comme** moi, *surtout* à la fin des mots. Tu en as **plein** d'exemple, en bleu **dans** ce texte! **Mais** je dois te laisser **parce que** j'entends ta maman qui vient pour vous réveiller! A une **autre** fois!

- D'accord! Salut!"

J'ouvre les_ yeux et je vois ma maman penchée **au-dessus** de moi :

"Tu me dis salut, toi, **maintenant**?

- **Mais** non, maman, ce n'est **pas_** à toi que je parlais, c'est…"

Mais pas la peine de **tout** lui raconter **maintenant**. Je lui souris: "Bonjour maman!".

Et je tends mes bras **vers** elle pour un **premier** bisou.

***

Chapitre 8

Après, pendant plusieurs jours, mon petit e n'est pas revenu. Peut-être qu'il avait d'autres choses à faire que de venir me raconter ses_ histoires. Mais il n'a pas fini de m'expliquer ce qu'il sait faire, alors je suis sûre qu'il reviendra. En_ attendant, j'ai regardé, comme il me l'avait dit, et j'ai trouvé plein de mots où on ne l'entend pas quand (t) il est à la fin : poule, planche, lampe, couverture, et encore bien d'autres.

Hier soir, maman nous a lu une histoire un peu triste mais très belle qui s'appelle "la petite marchande d'allumettes". Quand je serai grande j'aimerais beaucoup écrire des_ histoires moi aussi mais je ne sais pas si je serai capable.

Autrefois, quand ma maman était petite, sa maman aussi lui racontait des_ histoires et jouait avec elle et avec ses frères et sœurs. Et moi aussi, quand je serai grande, j'aurai sûrement des_ enfants et c'est moi qui leur lirai des_ histoires et qui jouerai avec eux. C'est_ un peu bizarre quand (t) on_ y pense! Je n'ai pas trop envie d'être grande pour le **moment**, ça me plaît **bien** d'être petite!

Quand je joue **avec** ma petite sœur, je suis contente qu'elle soit **plus** petite que moi. **Mais** je suis contente **aussi** d'avoir un grand frère. En fait, je suis **entre** les **deux** et je trouve que c'est la meilleure (mé-yeur) place! Parce que **parfois** on me pardonne des bêtises que je fais **car** je suis *encore* petite, et **parfois aussi**, on me permet de faire des choses **mieux** parce que je suis *déjà* grande. C'est pratique!

C'est bien **aussi** d'avoir une sœur **plus** petite et un frère plus grand **parce que** si je ne comprends pas quelque chose, je peux demander à mon grand frère, et **souvent** il peut me répondre. Mais **seulement quand** *(t)* il est de bonne humeur, **sinon** il me dit "laisse-moi tranquille!" De **temps** en temps **aussi** c'est moi qui explique des choses à ma petite sœur, **parce que** je suis sa grande sœur (et moi aussi, **parfois**, je lui dis "Tu m'embêtes, va jouer ailleurs (a-yeur)!" Mais **même** les adultes disent ça **quelquefois** quand *(t)* ils ont **plein** de choses à faire!

Ce qui est bizarre c'est que ces différences **entre** les frères et les sœurs, **plus** grands ou plus petits, c'est **seulement** quand *(t)* on_ est des_ enfants. **Après**, **quand** *(t)* on devient des_ adultes, ça ne se voit plus si on_ est plus grands ou plus petits. **Enfin**, je veux dire, si on_ est plus_ âgé ou **moins**! Car **bien** sûr ça se voit **toujours** si on est plus grands ou plus petits en hauteur!

Pour nous, les_ enfants, toutes les grandes personnes sont **presque** pareilles (pa-ré-ye). Il y en a **deux** sortes: les "normales" ou les "vieilles" (vié-ye). Et on voit **souvent** qu'elles sont vieilles à cause des cheveux blancs et des rides. Et **quelquefois aussi** parce qu'elles marchent **avec** des cannes.

Et **après**, les filles et les garçons, on dit les femmes (fa-me) et les_ hommes. Je ne sais pas **pourquoi** on change de mot. Mais **quand** *(t)* on dit : les_ enfants, on ne fait **plus** la différence **entre** les filles ou les garçons. Et c'est pareil (pa-ré-ye) **quand** *(t)* on dit : les_ adultes, ils sont tou<u>s</u> mélangés.

C'est **comme** ça.

Mais tout ça, ce n'est pas important je trouve. Ce qui compte, dit mon papa, c'est qu'on_ est **juste** une personne, et que **chaque** personne est différente de toutes les_ autres. C'est ça que veut dire le mot "unique".

Alors moi, ça m'est bien_ égal **comment** sont les gens du **moment** qu'ils sont gentils et qu'ils ne font pas de mal aux *(z)* autres. Je m'en fiche qu'ils soient une fille ou un garçon, qu'ils_ aient des cheveux noirs ou blonds, frisés ou raides, une peau blanche ou noire ou une **autre** couleur, des_ yeux noirs ou bleus, des vêtements comme-ci, ou comme-ça, qu'ils soient grands ou petits, maigres ou gros, ou moyens (moi-ien), beaux ou pas **très** beaux, ou **même** pas beau du tout (**mais** ce n'est pas de leur faute!), qu'ils soient nés **ici** ou dans_ un **autre** pays (pai-i), et **même** qu'ils parlent une **autre** langue qu'on ne comprend pas, ou qu'ils mangent des choses bizarres et **tout** ça : qu'est-ce que ça peut faire?

C'est **bien**, je trouve, que tout le monde soit différent. Si on_ était tou**s** pareils, ça ne serait pas drôle! La maîtresse dit : "On ne pourrait pas faire d'**aussi** beaux dessins s'il n'y avait qu'une **seule** couleur de peinture!"

Ma maman et mon papa **aussi** pensent que la **seule** chose importante, c'est qu'une personne soit "quelqu'un de bien".

Lorsque je serai grande, j'espère que je serai quelqu'un de bien, **comme** mon papa, ma maman, ma marraine et d'autres gens que je connais.

Mais pour le **moment**, je voudrais rester **longtemps** **auprès** de ma famille, **juste** comme **maintenant** et ne pas grandir **trop vite**, parce que c'est **vraiment** bien d'être un enfant !

***

Chapitre 9

Cette **nuit**, le petit **e** est revenu! Il a continué son_ histoire et c'est **toujours** amusant, mais **un peu** plus compliqué.

D'abord il a dit qu'il était muet "pas **seulement** à la fin des mots" mais **aussi** :

- **Quand** *(t)* il est coincé (c'est lui qui l'a dit!) **entre deux** consonnes, **comme** dans le mot Bou**lev**ard (entre le **l** et le **v**). **Alors** il disparait et on_ entend : *boulvard*!

- Ou **aussi** quand *(t)* il permet au **g** de ne pas faire le son "gue", avec le **o** et le **a** (comme dans : la **gor**ge, le **ga**rage), **mais** plutôt le son "j" (comme dans : nous man**geo**ns, une oran**gea**de).

- Et aussi à la fin d'autres mots, **comme** : bougie, vie, année, joie, dictée…

Ça fait **beaucoup** de choses à retenir, **rien** que pour son super pouvoir d'invisible!

Mais il dit que ce n'est pas la peine de retenir **tout** ça **parce que**, à force de les rencontrer **dans** mes lectures, je les reconnaîtrais.

Comme j'étais étonnée, il m'a expliqué :

"Est-ce que tu apprends par cœur le visage de tes voisins ou les objets **dans** ta maison? Non! Et **pourtant** tu les reconnais **parce que** tu les vois tous les jours!"

C'est **vrai**. Je n'y avais pas pensé!

En plus de "muet", le petit **e** sait faire quatre sons :

e - é-è-ê - en - ien :

e : c'est le son principal, le sien à lui! (se, me, de) ;

é-è-ê : avec des accents bien sûr, mais même sans accent, quand *(t)* il est devant un **i** comme dans : baleine, seigneur ou peigne.

Et aussi quand *(t)* il est devant une double consonne (effacer ou essence), ou devant un **x** (exemple), devant un **s** (mes, tes, ses) devant un **t** (galet, projet…) devant un **z** (comme dans chez ou nez);

en il lui faut un **n** ou **m** à sa droite pour le faire (comme dans **enten**dre ou **em**pire) ;

ien (**i-in**) c'est quand *(t)* il est placé entre **i** et **n** (comme dans b**ien**, r**ien**, l**ien**, ou ch**ien**…) On entend **"i-in"** comme s'il y avait deux **ii** (chi-in)!

Comme il me l'a dit, je ne vais pas essayer (é-sai-ié) de retenir tout ça par cœur, mais je résume quand même. Alors, il est:

---

* **muet** :

- à la fin des mots (port<u>e</u>)
- entre deux consonnes (boul<u>e</u>vard)
- après le **g** devant **o** et **a** pour faire je son **jo/ja**
- à la fin de plein de mots invariables (vi<u>e</u>, dicté<u>e</u>).

Il peut faire quatre sons différents :
* <u>e</u> (se, me, de…)
* <u>é-è-ê</u> : avec les accents, ou sans accent :
     - avec un **i** à sa droite (bal**ei**ne)
     - devant deux consonnes (**ess**ence, **eff**acer)
     - devant les lettres **x**, **s**, **t** et **z** (**ex**ercice, d**es**, j**et**, n**ez**)
* <u>en</u> : devant **n/m** (**en**tendre, dé**cem**bre)
* **ien** (**i-in**) : entre **i** et **n** (r**ien**, ch**ien**, l**ien**, b**ien**)

Ouf ! On dirait que je ne vais pas à l'école **seulement dans** la journée **mais aussi** la nuit de **temps** en **temps**! Heureusement, ce n'est pas toutes les nuits !

Mais j'ai oublié de dire que c'est fini les leçons **avec** le petit **e**, il m'a tout raconté sur lui. La prochaine fois, il m'enverra un de ses frères et il a dit que pour eux, les choses sont **beaucoup moins** compliquées !

Tant **mieux**. Mais je l'aimais **bien** quand **même** ce petit **e** il va me manquer je crois!

***

Chapitre 10

Vendredi **soir** je suis allée passer la soirée et dormir **chez** ma copine Myriam (mir-ya-me). Je l'aime **bien**, **mais** je trouve qu'elle est_ **un peu** bizarre. On ne peut pas **trop** parler **avec** elle **parce que rien** ne l'intéresse. **Seulement** jouer ou faire des bêtises. Moi **aussi** j'aime jouer, et **quelquefois** j'aime bien **aussi** faire des bêtises, **mais** quand **même**, il y a **plein** de choses qui m'intéressent. Mais elle, non.

Chaque fois que je commence à lui raconter quelque chose, elle me dit : "je m'en fiche, viens, on joue !" Je ne sais pas **pourquoi** elle est **comme** ça. Elle est en CE1, **comme** moi, **mais** elle ne sait **toujours** pas lire. Quand (t) on joue à des jeux où il faut lire **un peu** des mots, elle n'y arrive pas. **Alors** elle veut changer de jeu, parce qu'elle a **un peu** honte, je crois.

Sa maman est **très** gentille, **mais** elle la laisse faire tout ce qu'elle veut, elle ne lui dit **jamais** non! C'est bien, **mais** quand **même**…

Parfois, je trouve que ma maman à moi est **trop** sévère **mais** je préfère **encore** ça, parce qu'on dirait que la maman de Myriam ne s'intéresse pas_ à elle, qu'elle s'en fiche si sa fille n'apprend pas **bien** à l'école ou si elle casse des trucs, ou si elle mange n'importe quoi… C'est_ un peu **comme** si sa maman n'était pas **là** ou ne l'écoutait pas et ne la voyait (voi-ié) pas.

Moi je n'aimerais pas ça. Ma maman s'intéresse à moi, à ce que je fais, à **comment** je m'habille et à ce que je mange. Je crois que c'est normal pour une maman. Les enfants ne peuvent pas faire **tout** ce qu'ils veulent parce qu'il y a **plein** de choses qu'ils ne savent pas.

Des fois, Myriam fait ce qu'elle veut, ou prend ce qu'elle veut **sans** rien demander, **mais parfois** je lui dis :

"Demande **quand même** à ta maman, c'est **mieux**!" alors elle hausse les_ épaules et va voir sa mère, qui est **dans** la cuisine ou qui regarde la télé (ses parents sont divorcés, **alors** son père n'habite pas **là**) et elle lui demande, si elle peut prendre ça, ou faire ça, et sa maman lève la tête et lui répond : "Fais ce que tu veux, ma chérie, amusez-vous!"

Et on dirait **vraiment** qu'elle s'en fiche de ce que sa fille peut faire. Alors, Myriam me dit "tu vois!"

En **plus**, sa maman ne joue **jamais** avec elle et elle ne l'emmène pas à la piscine ou au parc, ou au musée, ou voir des spectacles, **comme** maman fait **avec** nous. C'est dommage pour elle. C'est **peut-être** pour ça que **rien** ne l'intéresse.

Alors, je me suis bien amusée **chez** elle, c'est vrai, **mais** j'étais quand **même** contente de rentrer à la maison, de retrouver mes parents à moi, mon frère et ma petite sœur qui fait le clown!

Et **maintenant**, je crois que **quand** maman ou papa me gronderont **parce que** je ne dois pas faire ça ou dire ça, **même** si ça m'embête **quand** même **un peu**, je serai contente parce que je penserai que c'est **seulement** parce qu'ils s'intéressent à moi, parce qu'ils m'aiment et qu'ils veulent que je devienne "quelqu'un de bien".

***

Chapitre 11

À l'école, ce matin, la maîtresse a décidé de nous donner quatre nouveaux mots à apprendre. Les **deux premiers** sont **assez** faciles : cheval (qui fait chev**aux** au pluriel) je le connaissais **déjà**! Et cheveu (qui prend un "x" au pluriel : cheveu**x**), et ça **aussi** je le savais! Bon, pour ces **deux** là, pas de problème!

Les deux *(z)* autres sont **plus** difficiles : nœud et œuf. C'est le fameux **e** dans l'**o** (œ). Le **o** et le **e** sont collés tous les deux et le **o** ne se prononce pas! **Comme** me l'a dit mon petit **e**, son frère **o** lui **aussi** peut être muet. Mais **dans** le mot nœud, le **d** aussi est muet! Il m'avait prévenu, **beaucoup** de consonnes savent le faire aussi **surtout** à la fin des mots.

Alors : Nœud. **Sans** le **o** et sans le **d** on entend juste: *neu*!

Bon, moi, je connaissais **déjà** les mots sœur, cœur, et vœu (au pluriel : des vœu**x**!) **alors** c'est **plus** facile. Le **e** dans l'**o** (œ) c'est mon copain **maintenant**!

Il faudrait **juste** que je me souvienne de ce **d** invisible à la fin du nœud. Pour m'amuser, je me dis que ce **d** c'est **comme** une boucle qu'on met à la fin du nœud **pour** qu'il ne puisse pas se défaire ! Je vais penser à ça, pour m'en souvenir!

Pour l'autre mot : œuf, ce n'est pas tout_ à fait **pareil**, (pa-ré-ye) on n'entend **toujours** pas le **o**, **bien** sûr, mais au **moins** le **f** de la fin se prononce! **Alors** c'est **comme** si on lisait : *euf*.

Mais la maîtresse, **après**, nous_ a dit qu'au pluriel, le **f** lui **aussi** devient muet! **Alors** on écrit **bien**: des_ œufs, **mais** on lit: des_ *eus*!

Ce n'est **vraiment** pas facile le Français!

La maîtresse dit qu'il faut **seulement** s'habituer à dire : un_ œuf des_ œufs, en prononçant: un_ *euf*, des_ *eus*! **Après** on le sait par cœur, il n'y a **plus** de problème, **comme** quand *(t)* on dit : un cheval des chevaux!

Plus **tard**, à la récréation, on_ a parlé **avec** les autres filles de ma classe de la fête de fin d'année. On va se déguiser et faire des danses ce sera **très** amusant. J'ai hâte d'y être!

Mais comme on_ a **beaucoup** parlé et rigolé à propos des déguisements, on n'a pas eu le **temps** de jouer. Il faut **déjà** rentrer en classe! Le **temps** passe **vraiment trop** vite **pendant** les récréations!

Demain soir, ce sera de nouveau le *weekend*. Il paraît que la dame de la météo a dit que le **temps** ne serait pas beau. Il y aura de la pluie et du vent. Je ne sais pas si mes parents ont prévu quelque chose. **Peut-être** qu'on restera à la maison? J'aime **bien** ça **aussi**. On fera des jeux. J'espère qu'on jouera aux cartes, j'adore jouer au Rami (**parce que** la Bataille (ba-ta-ye) ça ne finit **jamais**!) Et j'aime bien **aussi quand** *(t)* on m'apprend des tours de magie, ou des réussites. En fait, j'aime **vraiment beaucoup** tous les jeux de société, parce qu'on peut s'amuser tous ensemble!

Cette fois, c'est l'heure de la sortie, du goûter et des devoirs. Je dois apprendre ces quatre mots, **mais** je crois **bien** qu'à force d'y penser **depuis** ce matin, je les sais **déjà**!

Et je dois lire **aussi**. Mais **maintenant** que je sais **mieux** lire, c'est_ un plaisir, ce n'est **plus_** un devoir! J'aime **bien** toutes les_ histoires **dans** les livres qu'on_ a **chez** nous. Je les connais par cœur, mais **avant** je regardais **surtout** les_ images, et **maintenant** je peux comprendre toute **seule** ce qui se passe et **comment** ça finit.

C'est **vraiment** super de savoir lire!

***

Chapitre 12

Il y a quelques **semaines**, c'était *Halloween* (a-lo-oui-ne). C'est très_ amusant cette fête! On se déguise en toutes sortes de personnages qui font peur : sorcière, squelette, loup garou, monstres et tout ça. Et **puis** on peut **aussi** creuser et découper des citrouilles (ci-trou-ye) en forme de têtes **avec** des grandes dents et on met des bougies **dedans** pour les éclairer. Ça fait **un peu** peur, mais pas **tellement**, parce qu'on sait **bien** que ce sont **seulement** des citrouilles. Les citrouilles sont les **plus** gros légumes nous_ a dit la dame sur le marché, c'est **comme** les éléphants (é-lé-fan) des légumes!

Et pour *Halloween*, nous, les enfants, on_ a le droit d'aller **chez** les gens demander des bonbons et des sucreries, **avec** un_ adulte pour nous accompagner **bien** sûr. **Mais** on n'a pas le droit de les manger tou**s**, **juste** un petit peu.

La maîtresse nous_ a expliqué que c'était une très_ ancienne fête, du **temps** des Celtes, un peuple qui habitait la France et les **pays** du Nord, **il y a** très, longtemps. Pour eux c'était une fête religieuse pour l'arrivée de l'automne. **Cependant**, pour nous, **maintenant**, c'est **juste** une fête pour s'amuser. Moi j'aime **bien** me déguiser et essayer (é-sai-ié) de faire peur aux (z) autres!

Avant, j'aimais **surtout** les contes **avec** des princesses et tout ça, mais **maintenant** ça m'intéresse **moins** et j'aime **bien** les sorcières, les monstres et les choses qui font **un peu** peur.

Bientôt ce sera Noël. Une **autre** fête que j'aime, **avec** les_ histoires du Père Noël, les sapins **partout**, les décorations, la musique et les lumières de toutes les couleurs. On ne sait pas si c'est **vrai** que le Père Noël existe ou si c'est **seulement** une légende. **Plusieurs** de mes copines pensent qu'il n'existe pas et que les cadeaux, c'est les parents qui les achètent. **Mais** moi, ça m'est_ égal, c'est **comme** les fées, je préfère y croire!

J'ai vu un film d'animation un jour, qui s'appelait "Le Polar Express". Un petit garçon qui ne croyait (croi-ié) pas au Père Noël, **mais** qui est **quand** même monté dans_ un train, qui s'arrêtait **devant** sa maison. Le train était **plein** d'enfants, qui partaient tou**s** au Pôle Nord, voir le Père Noël et tous ses lutins. Et le Père Noël lui a donné une clochette de son traineau, **comme** cadeau, mais il l'a perdue **parce que** sa poche était percée. **Mais** quand *(t)* il est revenu, il croyait au Père Noël !

Toutes ces_ histoires magiques, moi j'adore ça!

Ce que j'aimerais **vraiment** commander au Père Noël, **mais** mes parents ne sont pas d'accord, c'est un petit chat. Il y a **longtemps** que je voudrais avoir un petit chat. **Mais**, même si c'est **seulement** une petite boule de poils de **rien** du **tout**, mes parents disent que **chez** nous c'est **trop** petit. Et **aussi** que ça sent mauvais **parce que**, quand *(t)* on n'a pas de jardin, il faut lui mettre, **dans** la maison, une boîte avec **dedans** de **très** petits cailloux (ca-you), qu'on appelle une litière, **pour** qu'il fasse ses besoins. Et c'est **beaucoup** de travail de changer tout le **temps** sa litière. Et **aussi**, le mignon petit chat grandi et devient un gros chat qu'il faut nettoyer (né-toi-ié) et nourrir, et c'est_ aussi **beaucoup** de travail. Et les enfants oublient **souvent** de s'en_ occuper parce qu'ils croient que c'est **comme** un jouet, **mais** ce n'est pas_ un jouet, c'est vivant! Et en plus, **souvent**, il se sauve et il risque de se faire écraser **dans** la rue par une voiture. Et **puis**, un chat adulte, ce n'est pas **toujours** très gentil. **Parfois** ça griffe et ça transmet des maladies. Et tout ça !

C'est dommage, **parce que** c'est **tout** doux quand *(t)* on les caresse, ça se met sur les genoux et ça ronronne, c'est **comme** des petites peluches vivantes. Il faudrait qu'ils restent **toujours** petits. **Mais** ça non **plus** ce n'est pas possible.

Il y a **beaucoup** de choses qu'on voudrait et qui ne sont pas possibles, c'est comme ça. **Mais** ce n'est pas grave parce qu'il reste **tellement** de choses qui sont possibles!

Je ne suis **encore** qu'une petite fille **mais** je sais que je ferai et que je verrai **beaucoup** de belles choses (et des pas belles **aussi**, je sais, maman!) dans ma vie qui ne fait que commencer.

****

www.ingramcontent.com/pod-product-compliance
Lightning Source LLC
Chambersburg PA
CBHW041501280526
45792CB00004B/1090